Sergio Adrian Martin

PostgreSQL

Sergio Adrián Martin

PostgreSQL

Una poderosa base de datos libre

Editorial Académica Española

Impresión
Informacion bibliografica publicada por Deutsche Nationalbibliothek: La Deutsche Nationalbibliothek enumera esa publicacion en Deutsche Nationalbibliografie; datos bibliograficos detallados estan disponibles en Internet en http://dnb.d-nb.de.

Imagen de portada: www.ingimage.com

Editor: Editorial Académica Española es una marca de
LAP LAMBERT Academic Publishing GmbH & Co. KG
Heinrich-Böcking-Str. 6-8, 66121 Saarbrücken, Alemania
Teléfono +49 681 3720-310, Fax +49 681 3720-3109
Correo Electronico: info@eae-publishing.com

Publicado en Alemania
Schaltungsdienst Lange o.H.G., Berlin, Books on Demand GmbH, Norderstedt, Reha GmbH, Saarbrücken, Amazon Distribution GmbH, Leipzig
ISBN: 978-3-8465-7527-7

Imprint (only for USA, GB)
Bibliographic information published by the Deutsche Nationalbibliothek: The Deutsche Nationalbibliothek lists this publication in the Deutsche Nationalbibliografie; detailed bibliographic data are available in the Internet at http://dnb.d-nb.de.

Cover image: www.ingimage.com

Publisher: Editorial Académica Española is an imprint of the publishing house
LAP LAMBERT Academic Publishing GmbH & Co. KG
Heinrich-Böcking-Str. 6-8, 66121 Saarbrücken, Germany
Phone +49 681 3720-310, Fax +49 681 3720-3109
Email: info@eae-publishing.com

Printed in the U.S.A.
Printed in the U.K. by (see last page)
ISBN: 978-3-8465-7527-7

PostgreSQL

Autor: Ing. Sergio Adrián Martin

INDICE:

Introducción

El uso de bases de datos es parte fundamental de la gestión de la información empresarial. PostgreSQL se perfila como una alternativa de software libre para estas exigencias.

Postgres surgió como continuación del proyecto gres para el desarrollo de un sistema de bases de datos, que ha continuado bajo la filosofía de desarrollo de software libre.

Ha sido descrito como un sistema de bases de datos relacional orientado a objetos (ORDBMS por sus siglas en ingles) basado en POSTGRES 4.2. Desarrollado en el departamento de ciencias de la computación de la Universidad de Berkeley en California.

En cierto momento de su evolución paso a llamarse PostgreSQL. Dentro de sus capacidades están:

- Consultas complejas.
- Llaves externas.
- Manejo de vistas.
- Integridad transaccional.
- Control concurrente multiversion.

Originalmente, al igual que otros proyectos de software libre, se desarrollo para operar dentro del sistema operativo Linux, pero las mismas exigencias de los usuarios han contribuido a que en la actualidad se disponga de versiones para Windows.

Para instalar PostgreSQL junto con todas las herramientas que complementan su funcionalidad se ha usado el paquete Apache2triad*. Dentro de las herramientas propias de PostgreSQL se incluyen las siguientes:

The Apache2triad PostgreSQL Readme

```
This is apache2triad PostgreSQL version 8.1.2 readme file

It has been bundled with :
PsqlODBC 0.3
pgAdmin 1.4.1
pgoledb
psqlodbc

Configuartion file is :
data/postgresql.conf

Other files used:
%windir%/odbc.ini

Written by Vlad Alexa Mancini
```

Las herramientas ODBC a que se hace referencia en este archivo readme, indican que el paquete completo ofrece la posibilidad de hacer conexiones ODBC, lo cual implica que puedan desarrollarse aplicaciones en VB o en Visual Studio .NET en que se pueda hacer uso de bases de datos PostgreSQL.

PgAdmin es una herramienta diseñada para la gestión de bases de datos PostgreSQL, en un entorno Windows, con funcionalidades parecidas a las que ofrece MysqlFront respecto de Mysql.

Una de las ventajas implícitas de este paquete es la posibilidad de crear aplicaciones Web usando PHP que incluyan el uso de PostgreSQL. El hecho, es que desde hace mucho tiempo, PHP ha incluido funciones específicas para la explotación de varios tipos de bases de datos, entre ellas PostgreSQL.

Además de PHP existen otros entornos de programación que son compatibles con PostgreSQL, tal es el caso de Perl. Ello significa que existe una amplia variedad de alternativas en las cuales es posible programar y que aprovechen las funcionalidades de PostgreSQL, y sobre todo el hecho de que no hay que pagar por una licencia propietaria, tal como sería el caso de otros tipos de bases de datos. Otro lenguaje de programación que puede usarse junto con PostgreSQL es Python, el cual de hecho es parte del paquete Apache2Triad.

*Nota: para la edición de este libro se ha usado el paquete wamp Apache2Triad que integra un servidor web Apache, el interprete de PHP, el motor de base de datos Mysql y el motor de bases de datos PostgreSQL.

Tipos de datos

En esta sección se abordara el estudio de los tipos de datos que pueden usarse en bases PostgreSQL y de la forma como mediante PGAdmin se puede crear la estructura de la base que ha de contener los diferentes datos.

Los tipos admisibles de datos en PostgreSQL son los siguientes:

Tipo	Usado para
abstime	Expresión de tiempo de baja precisión, usada internamente con el reloj del sistema.
aclitem	lista de control de acceso
bit	Almacena valores de un bit.
bool	Almacena valores lógicos. Este tipo de dato no es manejado por Mysql, en lo que Postgres lo supera.
bpchar	caracteres rellenos con espacios, longitud especificada al momento de creación
bytea	Arreglo de datos binarios
char	Admite un solo carácter (ocupa 1 byte).
cid	*command identifier type*, identificador de secuencia en transacciones
cidr	Dirección de red de tipo IPv4 o Ipv6
circle	Circulo en el plano
date	Fecha del calendario (año, mes, día)
float4	También conocido como real. Numero de punto flotante con precisión simple.
float8	Conocido también como double precision. Numero de punto flotante con doble precisión.
inet	Dirección de un servidor IPv6 o IPv4.
int2	Tipo numérico entero que usa dos bytes. Conocido como smallint en otras versiones.
int4	También conocido como int. Entero con signo de 4 bytes.
int8	Tipo numérico entero que almacena 8 bytes con signo. También conocido como bigint.

6

interval	Almacena valores de intervalos de tiempo.
macaddr	Dirección MAC.
money	Cantidad de dinero. Equivale a currency en otros sistemas. Rango de -21474836.48 a +21474836.47
numeric	También conocido como decimal. Numérico exacto con una precisión que puede ser preestablecida.
oid	Identificador de objeto numérico.
path	Camino geométrico en el plano.
polygon	Camino geométrico cerrado en el plano.
refcursor	Referencia a tipo de dato compatible con Oracle.
regclass	Nombre de relación.
regoper	Nombre de operador.
regoperator	Operador con tipos de argumento.
regproc	Nombre de función.
regprocedure	Función con tipos de argumento.
regtype	Nombre de tipo de dato.
reltime	Valor de tiempo para uso interno.
smgr	manejador de almacenamiento (*storage manager*)
text	Cadena de caracteres de longitud variable.
tid	tipo de identificador de tupla, localización física de tupla
time	Hora del día.
timestamp	Fecha y hora
timestamptz	Fecha y hora incluyendo zona horaria.
timetz	Hora más zona horaria.
tinterval	Medida de intervalo de tiempo. No compatible con todas las versiones de PostgreSQL.
unknown	tipo desconocido
varbit	Usado para almacenar arreglos de bits de hasta 32767 bits de longitud.
varchar	Cadena de caracteres de longitud variable.
xid	identificador de transacción

abstime[]	Arreglo de elementos de tipo abstime.
aclitem[]	Arreglo de elementos de tipo aclitem
bit[]	Almacena una cadena de bits de longitud fija.
bool[]	Arreglo de objetos tipo booleano.
box[]	Arreglo de objetos tipo box.
bpchar[]	Arreglo de objetos tipo bpchar
bytea[]	Arreglo de objetos tipo bytea
char[]	Cadena de caracteres de longitud fija.
cid[]	Arreglo de elementos de tipo cid.
cidr[]	Arreglo de objetos tipo cidr
circle[]	Arreglo de objetos tipo circle
date[]	Arreglo de objetos tipo date
float4[]	Arreglo de objetos tipo float4
float8[]	Arreglo de elementos de tipo float8.
inet[]	Arreglo de elementos de tipo inet.
int2[]	Arreglo de elementos de tipo int2.
int2vector[]	Arreglo de elementos de tipo int2vector.
int4[]	Arreglo de elementos de tipo int4
int8[]	Arreglo de elementos de tipo int8
interval[]	Arreglo de elementos de tipo interval
line[]	Arreglo de elementos de tipo line
lseg[]	Arreglo de elementos de tipo lseg
macaddr[]	Arreglo de elementos tipo macaddr.
money[]	Arreglo de elementos tipo money
name[]	Arreglo de elementos tipo name
numeric[]	Arreglo de elementos de tipo numeric.
oid[]	Arreglo de elementos de tipo oid
oidvector[]	Columna en un arreglo de tipo oid.
path[]	Arreglo de elementos de tipo path

point[]	punto geométrico en el plano.
polygon[]	Arreglo de elementos de tipo polygon
refcursor[]	Arreglo de elementos de tipo refcursor
regclass[]	Arreglo de elementos de tipo regclass
regoper[]	Arreglo de elementos de tipo regoper
regoperator[]	Arreglo de elementos de tipo regoperator
regproc[]	Arreglo de elementos de tipo regproc
regprocedure[]	Arreglo de elementos de tipo regprocedur
regtype[]	Arreglo de elementos de tipo regtype
reltime[]	Arreglo de elementos de tipo reltime
text[]	Arreglo de elementos de tipo text
tid[]	Arreglo de elementos de tipo tid
time[]	Arreglo de elementos de tipo time.
timestamp[]	Arreglo de elementos de tipo timestamp.
timestamptz[]	Arreglo de elementos de tipo timestamptz
timetz[]	Arreglo de elementos de tipo timetz.
tinterval[]	Arreglo de elementos de tipo tininterval.
varbit[]	Arreglo de elementos de tipo varbit
varchar[]	Arreglo de elementos de tipo varchar
xid[]	Arreglo de objetos xid
box	Almacena una caja rectangular en el plano
int2vector	Arreglo de elementos tipo int2
line	Línea infinita en el plano.
lseg	Segmento de línea en el plano.

Lo que se almacena en los tipos de objetos geométricos no es el objeto geométrico en si, mas bien ciertas coordenadas claves que lo definen, como las coordenadas de 2 esquinas opuestas de un rectángulo o el centro y su radio para un circulo.

La estructura de cualquier tabla se puede definir básicamente en dos formas usando PgAdmin:

9

a) Haciendo uso de la instrucción SQL CREATE TABLE en el editor de sentencias SQL, y definiendo en ese momento cada columna con un tipo de dato especifico.

b) Creando la tabla usando los menús contextuales que aparecen al hacer clic derecho sobre algún objeto tabla, y siguiendo las instrucciones requeridas para agregar cada columna de la tabla y definir su tipo, tal como se muestra en la siguiente sección.

Uso de PgAdmin

Cuando haya instalado correctamente Apache2Triad, en el menú inicio encontrara una opción que le mostrará todas las herramientas del paquete, incluyendo PgAdmin.

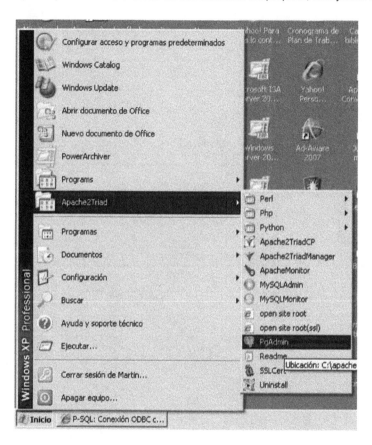

Al hacer clic en la opción anterior se mostrará la siguiente pantalla.

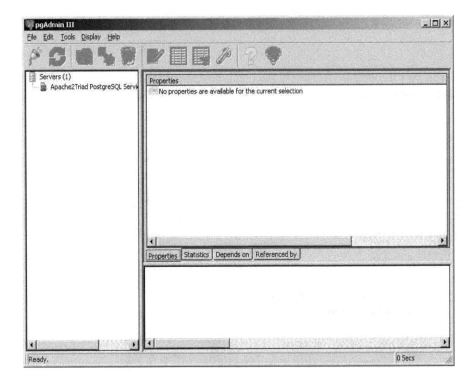

Al hacer clic en la conexión dependiente del server1, se mostrará lo siguiente:

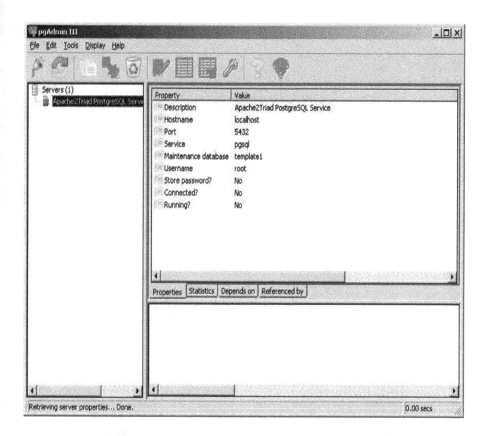

Para poder hacer la conexión se hace clic en el icono del servicio y se tendrá que llenar el siguiente formulario.

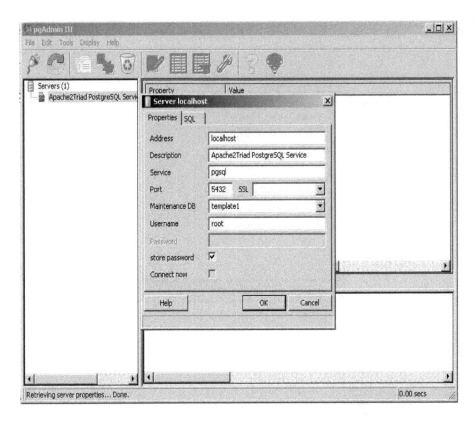

La conexión solo se hará efectiva después de incluir el password de usuario.

Cuando la conexión esta funcionando se muestran cuatro categorías de información relevante para el servidor: Las bases de datos incluidas, los tablespaces, los roles de grupo y los roles de login.

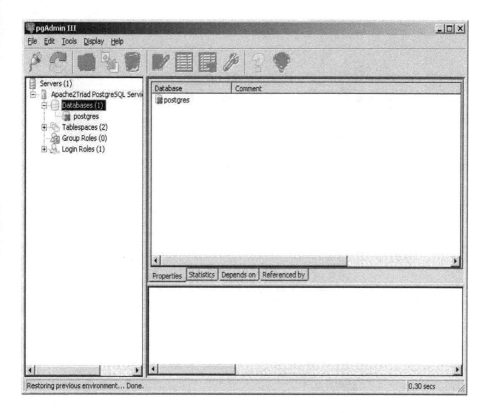

En un servidor en el cual no se han creado ninguna base en particular, la única que existe por defecto es la llamada postgres, la cual contiene información sobre el sistema de bases de datos.

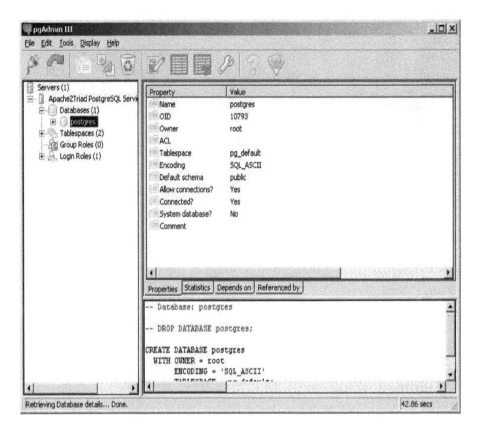

Al hacer una exploración de su contenido, se ven las partes clásicas del tipo de bases de datos ProstgreSql.

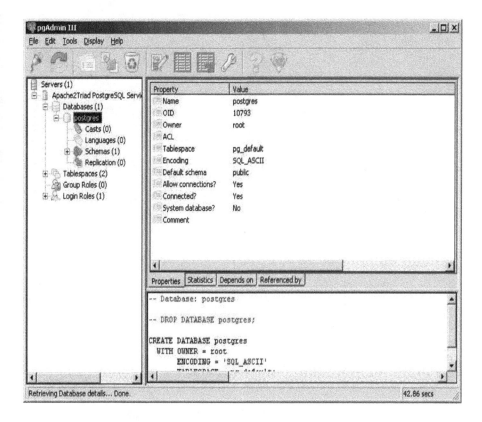

La información más importante de cualquier base de datos siempre estará en el objeto Schemas, del cual dependen las tablas y las vistas (views).

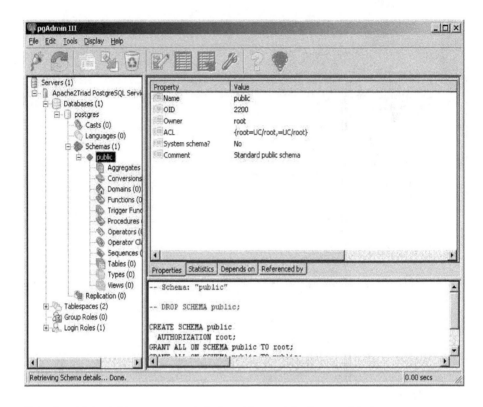

Entre los objetos tablespaces por defecto están pg_default y pg_global.

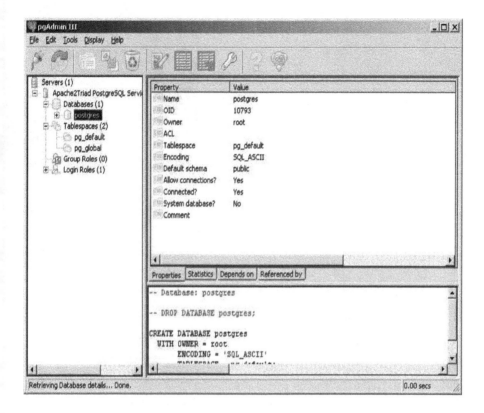

Y dentro de los roles de login esta el perfil del usuario root (el súper usuario), junto con una configuración de sus privilegios. Mas detalles sobre usuarios y privilegios serán abordados en la sección de seguridad de la base de datos, más adelante.

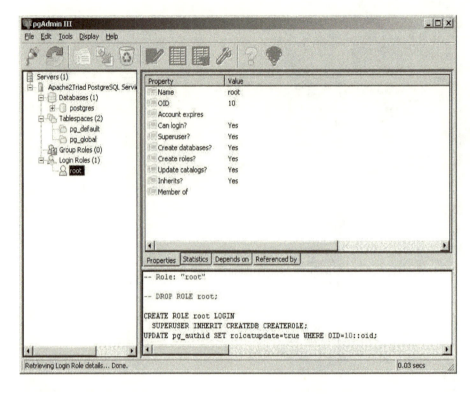

Para crear una nueva base de datos, se debe hacer clic derecho sobre el icono databases.

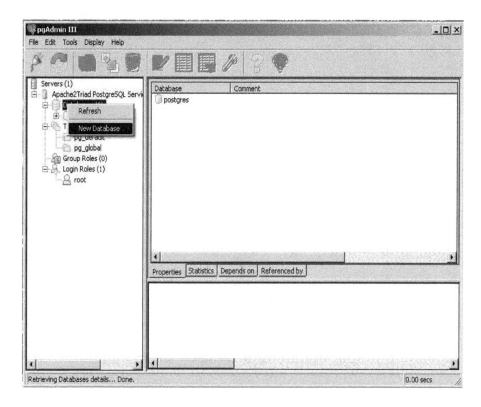

A continuación aparecerá un formulario sobre detalles básicos de la nueva base:

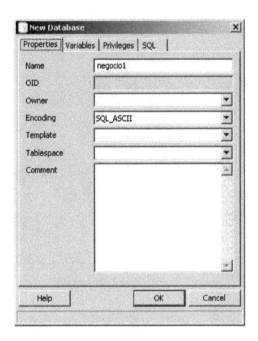

Se creara una vez llenado el formulario un nuevo icono de la nueva base.

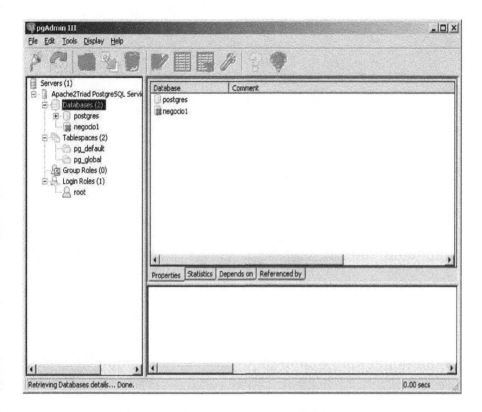

A continuación se puede pasar a la creación de un objeto Schema dentro de la base, haciendo clic derecho sobre el icono de la base.

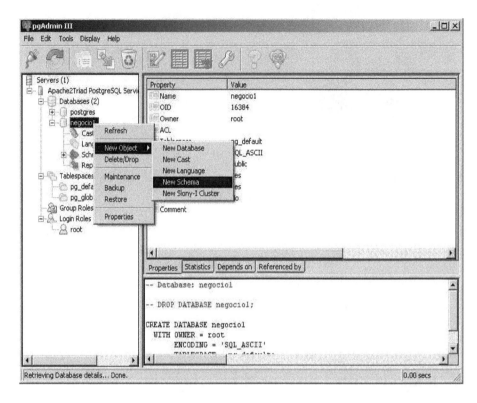

Aparecerá un cuadro de dialogo en que se indicara el nombre del esquema y se le asignara un usuario. También pueden fijarse ciertos privilegios, pero este será un aspecto precisado más adelante.

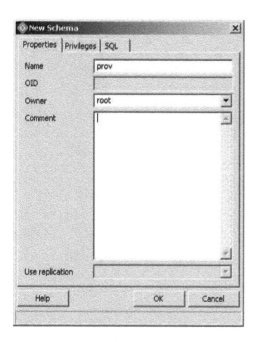

Al hacer clic derecho sobre el nombre del esquema se puede agregar una nueva tabla.

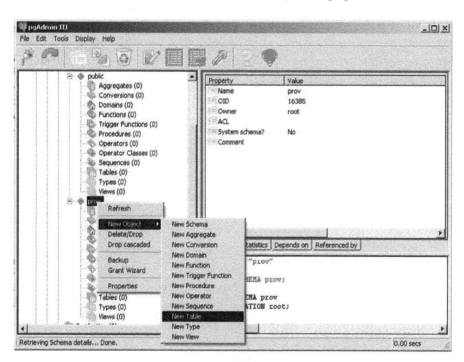

25

Se pueden agregar una serie de propiedades específicas a cada tabla, de la cual la fundamental es su nombre.

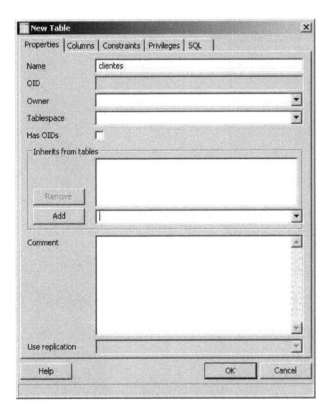

La definición de los campos o columnas de la tabla es la siguiente tarea a abordar.

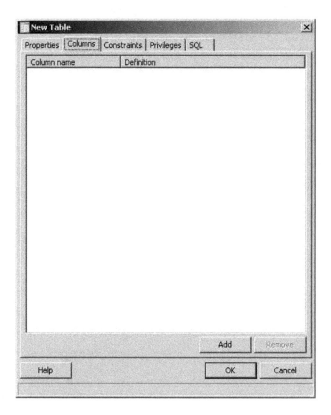

Al hacer clic en Add aparece el siguiente cuadro de dialogo.

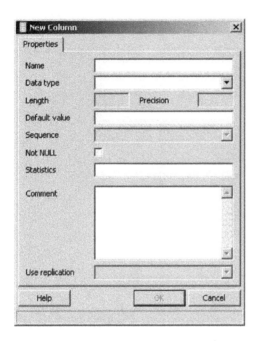

Definir las propiedades y características de cada implica llenar el cuadro de dialogo para esa nueva columna.

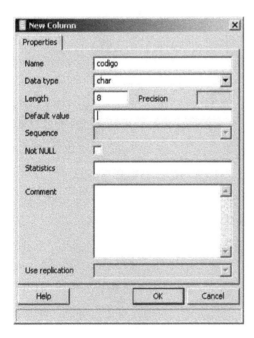

Cuando ya sea han agregado todos los campos se vera algo como la siguiente pantalla.

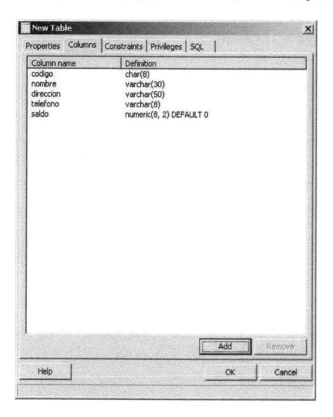

Una vez se ha añadido la nueva tabla aparece dentro del árbol jerárquico dependiendo del schema prov.

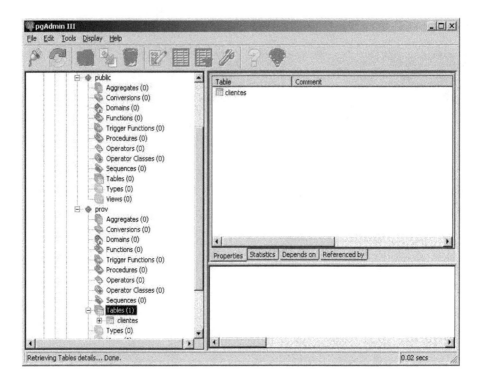

PgAdmin no incluye ninguna opción para ingresar datos directamente a las tablas, pero siempre es posible ejecutar instrucciones SQL. Usando el Query tool, se pueden ingresar instrucciones SQL.

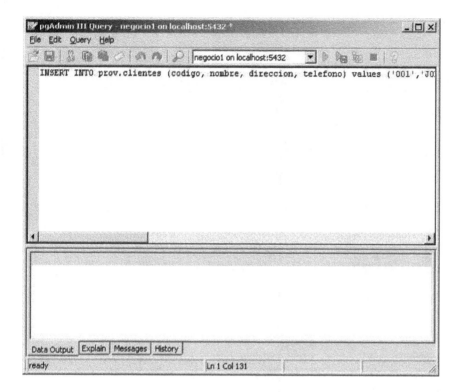

Para el caso:

INSERT INTO prov.clientes (codigo, nombre, direccion, telefono) values ('001','JORGE MARQUEZ', ' COL. ARENAL NO. 34', '22341256');

De la misma forma pueden ejecutarse todas las instrucciones requeridas para el mantenimiento de la base de datos, aunque este manejo de instrucciones sea menos amigable que el manejo de otros tipos de bases de datos con otras herramientas. Para examinar los datos de la tabla habrá que hacer clic derecho sobre el icono de la tabla:

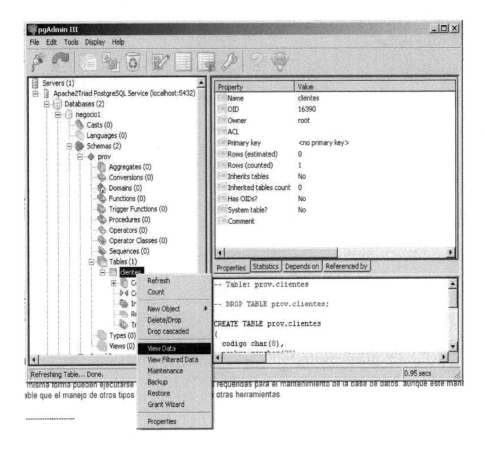

El resultado de escoger la opción View Data es:

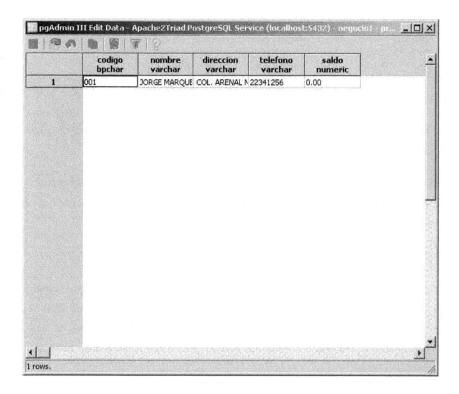

En otras secciones se abordará otras formas de consultar y dar mantenimiento a este tipo de bases de datos.

Consulta de la base de datos

Para consultar la base de datos PostgreSQL se puede recurrir a varios medios, aun sin tener que recurrir al uso de PgAdmin.

Uno de ellos es aprovechar el uso de la aplicación Phppgadmin, que funciona como una aplicación Web para el mantenimiento remoto de la base de datos.

Otra alternativa es el diseño de una aplicación de escritorio que aproveche una conexión ODBC. La aplicación estaría hecha en un lenguaje como Visual Basic 6. Esta opción será abordada en otra sección.

Uso de PHPPgAdmin

phpPgAdmin es una herramienta desarrollada en PHP para consultar una base de datos PostgreSQL, y además poder darle un mantenimiento tan funcional como el que se haría con PGAdmin, con la diferencia de que puede llevarse a cabo remotamente, con tan solo contar con un navegador Web, la conexión al servidor vía Web, y el conocimiento de la clave del súper usuario.

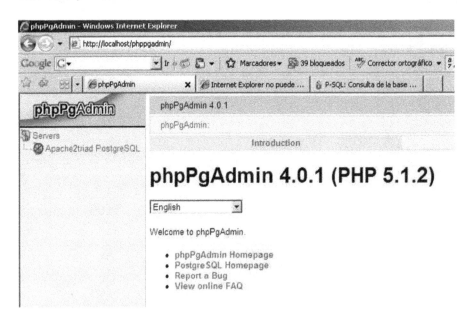

34

Como medida básica de seguridad el acceso a las funciones de phppgadmin es posible solo después de logearse con la clave correcta.

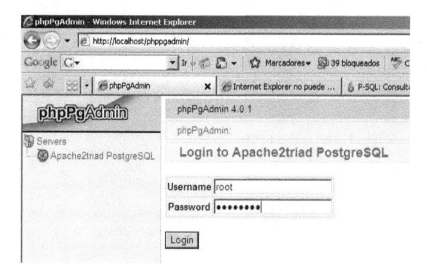

Una vez logeado, en la primera pantalla aparecen las bases de datos disponibles para el usuario.

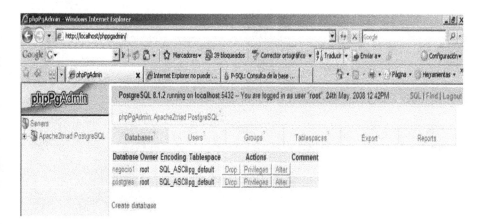

Al hacer clic en la base negocio1, se pueden apreciar los schemas que contiene.

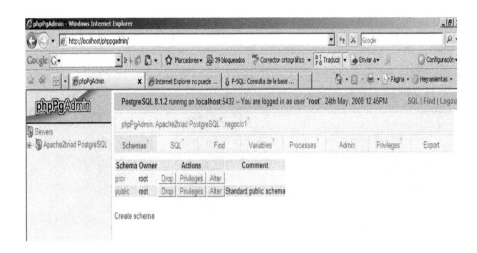

Debe tenerse particular cuidado con el botón drop, porque esta diseñado para eliminar el objeto que se encuentra en la misma fila. Al hacer clic en el schema prov, se tendrá acceso a las tablas que contiene.

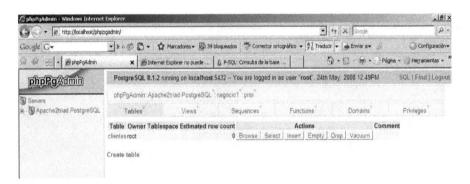

Ya que solo se cuenta con una tabla, al hacer clic en el botón Browse se podrán ver todos los registros de la tabla.

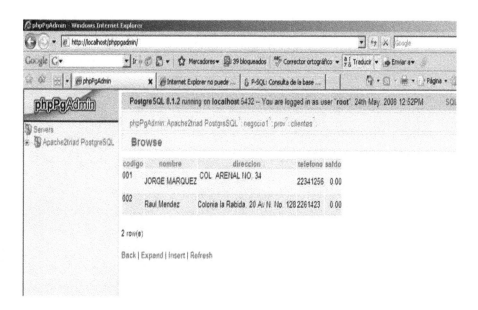

Claro esta, al hacer clic en el enlace Insert se presenta la oportunidad para insertar un nuevo registro a la tabla.

Al revisar las pantallas anteriores, se puede notar que existe la posibilidad de eliminar totalmente una tabla (botón Drop) o de limpiar todos sus registros y dejarla la estructura vacía (botón Empty). El eliminar una tabla puede responder a la necesidad de eliminar una tabla creada con fines temporales, para extraer un consolidado para un reporte u otra acción parecida. El vaciar una tabla sin destruir su estructura puede responder a otros fines, por ejemplo recoger datos sobre una encuesta de acciones del gobierno, que se repita todos los meses pero que deba empezar de cero al inicio de cada mes. Después de obtener el resultado del conteo de opiniones durante el mes, habría que vaciarla otra vez.

Si más allá de las simples funciones de consulta en las tablas de la base, se requieren otras operaciones de mantenimiento, la forma más genérica de hacerlo es mediante al ejecución de instrucciones SQL. Para acceder a ello, hay un enlace llamado "Mostrar todos los Esquemas":

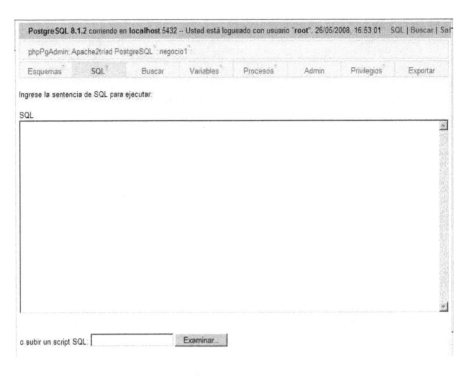

Deja la opción para poder subir y ejecutar un script que se tenga previamente guardado.

Con fines de mantenimiento existe la posibilidad de buscar prácticamente cualquier tipo de objeto dentro de la base:

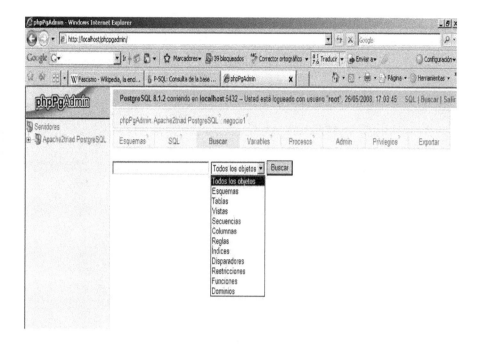

También desde phpPgAdmin existe un menú de mantenimiento de privilegios de usuarios:

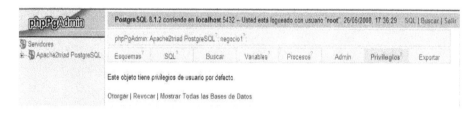

Y otro con fines de exportación de datos (una de las funciones básicas de la administración de bases de datos).

phpPgAdmin

PostgreSQL 8.1.2 corriendo en localhost 5432 -- Usted está logueado con usuario "root" 26/05/2008 17:44:59   SQL | Buscar | Salir

Servidoras

Apache2triad PostgreSQL

phpPgAdmin: Apache2triad PostgreSQL : negocio1

| Esquemas | SQL | Buscar | Variables | Procesos | Admin | Privilegios | Exportar |

Formato	Opciones	
⦿ Datos solamente	Formato	COPY ▾
	OIDs	☐
○ Solo la estructura	Eliminar	☐
○ Estructura y datos	Formato	COPY ▾
	Eliminar	☐
	OIDs	☐

Opciones

⦿ Mostrar
○ Bajar
○ Bajar comprimido con gzip

Exportar

Conexión ODBC con PostgreSQL

Una conexión ODBC a una base de datos puede ser útil, tanto sí se desea desarrollar una aplicación Web como una aplicación de escritorio. Dentro del panel de control de Windows se encontrara la opción de herramientas administrativas, la cual representa el primer paso para la creación de este tipo de conexión.

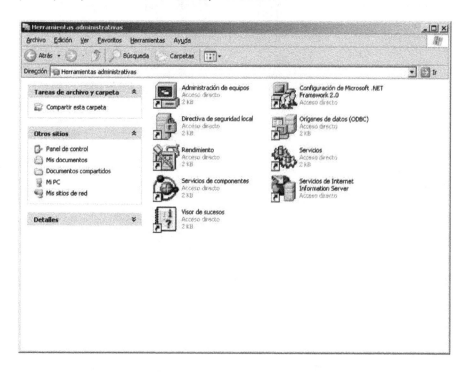

Al hacer clic en orígenes de datos ODBC aparecerá la siguiente pantalla, a la que habrá que agregar un nuevo DSN de usuario y de sistema.

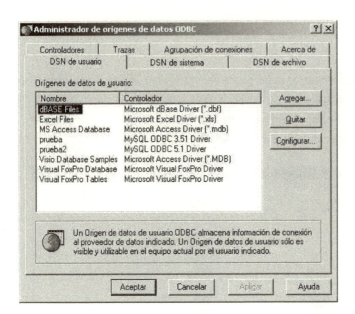

Al agregar un nuevo origen de datos se encontrara PsqlODBC (El driver fue incorporado durante la instalación de Apache2Triad).

Al agregarse este nuevo origen de datos, aparece el siguiente cuadro de configuración.

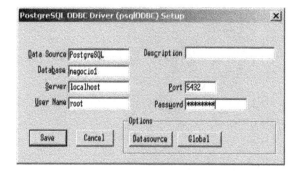

Cuando se han llenado los datos por los cuales es posible la conexión a la base de datos de interés, el administrador de orígenes de datos ODBC lo incorporará a la lista de orígenes de datos.

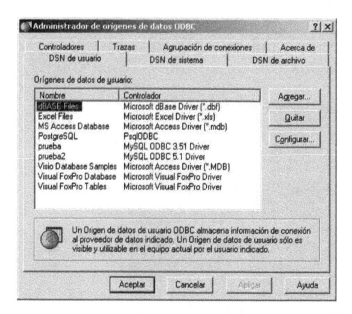

Al consultar los orígenes del sistema, se vera que el DSN de sistema de PostgreSQL aun no ha sido incluido.

Al crear un nuevo origen de datos

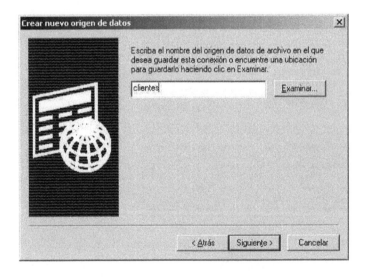

Se llega a un punto en que hay que señalar que el tipo de conexión será a través de PorsgreSQL, y habrá que configurarla.

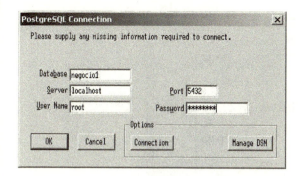

Al momento de configurar el vínculo de datos es preferible recurrir a usar una cadena de conexión que un origen de datos previamente existente

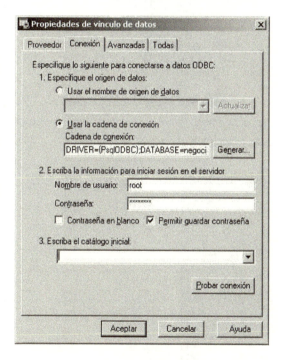

En este punto, ya se contara con un nuevo origen de datos de sistema. Los siguientes pasos implican trabajar con el diseño de una aplicación de escritorio que haga uso de la conexión con que se cuenta. Si se utiliza Visual Basic 6, en un proyecto nuevo habra que agregar el control de Microsoft ADO Data Control 6.0.

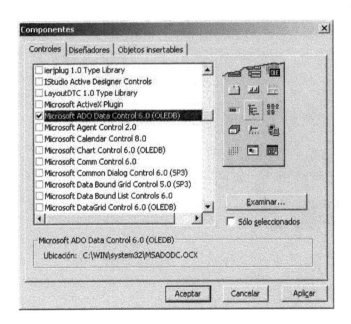

En el cuadro de herramientas aparecerá el objeto Adodc, el cual debe agregarse al formulario que servirá de interfase con el usuario final. Habrá que configurar su propiedad Datasource, para que señale a la conexión PosgreSQL de la cual se hará uso.

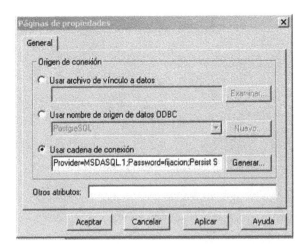

La propiedad RecordSource de Adodc1 debe fijarse para que haga referencia a una de las tablas de la base de datos. Lógicamente, como en este punto, la única tabla que se ha creado con datos que interese compartir es clientes, la referencia a ella es la que se incluirá. Debe observarse que a diferencia de otros sistemas de bases de datos, aquí se hace referencia al Schema (prov) dentro de la referencia a la tabla.

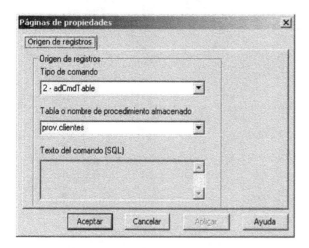

Una vez configurado el objeto Adodc, se pueden agregar otros objetos que servirán para ver o modificar los datos de los campos, tales como objetos Textbox, los cuales hay que vincular con el Adodc estableciendo su fuente de datos como el Adodc, y su propiedad datafield a uno de los campos de la tabla con que se trabajará.

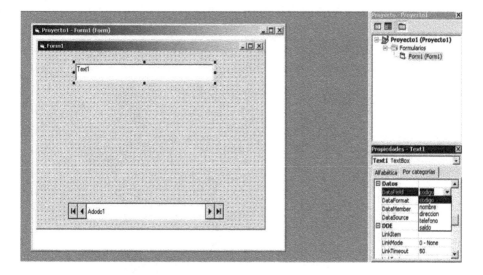

Después de agregar todos los Textbox necesarios, y de vincular cada uno a un campo diferente se tendrá un diseño como el siguiente:

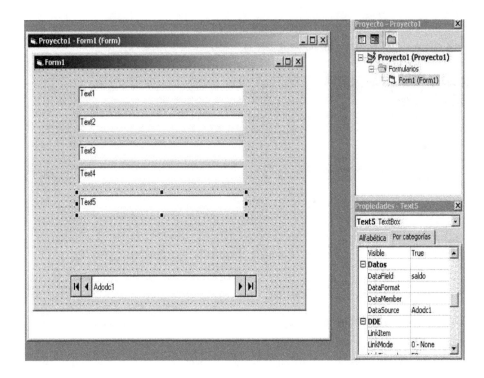

Al probar en este punto el formulario, se puede ver el contenido de la tabla, y también puede modificarse con solo sobrescribir en cada Textbox.

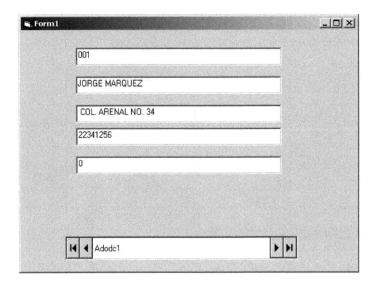

Los botones propios del objeto Adodc facilitan la navegación dentro de la tabla. Para mejorar la funcionalidad de esta pequeña aplicación, habrá que incluir dos botones, uno para agregar registros y otro para eliminarlos, cada uno de los cuales tendrá asociado un código de programación diferente.

En un botón para agregar registros:

```
Private Sub Command1_Click()
Adodc1.Recordset.AddNew

End Sub
```

En un botón para eliminar registros:

```
Private Sub Command2_Click()
Adodc1.Recordset.Delete
Me.Refresh

End Sub
```

Si se mejora la apariencia del formulario agregando objetos Label, y configurando la propiedad Caption de cada uno, el formulario puede verse como a continuación:

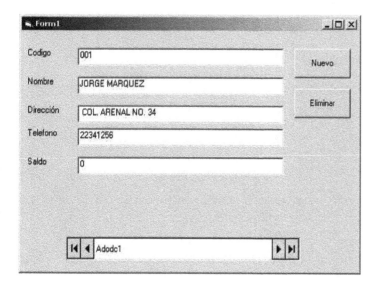

Aunque este tipo de aplicación de escritorio es funcional, e incluso más simple de instalar que su equivalente en .NET, no se recomienda para usuarios que solo han de tener privilegios de lectura en algunos registros de la base. De hecho, en un entorno de una intranet en la que haya usuarios con diferentes privilegios y funciones en el sistema, a la larga es más funcional el uso de una aplicación Web. El desarrollo de este tipo de aplicación usando PHP es tema de otra sección del libro.

PostgreSQL y PHP.

El uso de PHP para el desarrollo de aplicaciones Web con PostgreSQL ya lleva varios años de presentarse, en varias versiones de PHP. Aunque el uso de bases de datos Mysql es más común con aplicaciones PHP, en la actualidad PHP ha demostrado ser factible de usarse con una amplia variedad de tipos de bases de datos, lo cual incluye Oracle, Sybase y PostgreSQL. Vale la pena señalar, que para desarrollar aplicaciones Web que usen PostgreSQL también existe la posibilidad de usar Java, y específicamente aplicaciones hechas en JSP.

Funciones de PHP creadas para operar PostgreSQL

Función	Explicación
pg_affected_rows	Retorna el número de filas afectadas por la última instrucción SQL.
pg_cancel_query	Cancela la acción de una consulta
pg_client_encoding	Devuelve el tipo de codificación de un cliente. Este es un valor generalmente invariable para una base específica.
pg_Close	Cierra una conexión PostgreSQL.
pg_Connect	Abre una conexión.
pg_connection_busy	Muestra si una conexión esta ocupada o no.
pg_connection_reset	Resetea una conexión.
pg_connection_status	Proporciona el estado de una conexión.
pg_convert	Convierte los datos de un arreglo en una expresión SQL.
pg_copy_from	Inserta datos en una tabla desde un arreglo.
pg_copy_to	Copia los datos de una tabla a un arreglo.
pg_DBname	Devuelve el nombre de la base de datos.
pg_delete	Elimina registros.
pg_execute	Envía la petición de ejecutar una sentencia y espera el resultado.
pg_fetch_all_columns	Obtiene todos los datos de una columna o columnas y lo almacena en un arreglo.
pg_fetch_all	Vuelca todas las filas de un resultado en un arreglo.

pg_Fetch_Array	Obtiene una fila en la forma de un array
pg_fetch_assoc	Vuelca una fila en un arreglo asociado.
pg_Fetch_Object	Obtiene una fila en forma de objeto
pg_fetch_result	Retorna valores desde una fuente de resultados.
pg_Fetch_Row	Obtiene la fila como un array enumerado
pg_field_is_null	Prueba si un campo es SQL NULL
pg_field_name	Retorna el nombre de un campo
pg_field_num	Retorna el numero del campo nombrado
pg_field_prtlen	Retorna la longitud de impresión de un campo
pg_field_size	Retorna el tamaño del almacenamiento interno de un campo
pg_field_table	Devuelve el nombre de la tabla de la conexión o su valor oid.
pg_field_type_oid	Retorna del tipo ID (OID) del correspondiente numero de campo.
pg_field_type	Retorna el nombre del tipo de campo a partir del número del campo
pg_free_result	Libera el resultado de la memoria
pg_get_notify	Obtiene un mensaje SQL NOTIFY
pg_get_pid	Revisa el Id del proceso del backend.
pg_get_result	Obtiene el resultado de una consulta asincronamente
pg_Host	Obtiene el nombre del Host
pg_insert	Inserta los valores de un arreglo en una tabla
pg_last_error	Obtiene el último mensaje de error de la cadena de conexión.
pg_last_notice	Retorna el ultimo mensaje de notificación del servidor de PostgreSQL
pg_last_oid	Retorna el OID de la última fila.
pg_lo_close	Cierra un objeto grande
pg_lo_create	Crea un objeto grande
pg_lo_export	Exporta un objeto grande a un archivo.
pg_lo_import	Importa un objeto grande desde un archivo.
pg_lo_open	Abre un objeto grande
pg_lo_read_all	Lee un objeto grande y lo envía directamente al browser.

pg_lo_read	Lee un objeto grande
pg_lo_seek	Busca una posición dentro de un objeto grande
pg_lo_tell	Retorna la actual posición de búsqueda de un objeto grande.
pg_lo_unlink	Elimina un objeto grande
pg_lo_write	Escribe en un objeto grande
pg_meta_data	Obtiene metada para una tabla
pg_num_fields	Retorna el número de campos en un resultado.
pg_num_rows	Retorna el número de filas (registros) en un resultado
pg_Options	Devuelve una cadena que contiene las opciones especificadas en el identificador de conexión con PostgreSQL dado
pg_parameter_status	Revisa la configuración de un parámetro en el servidor.
pg_pConnect	Crea una conexión persistente con una base de datos.
pg_ping	Hace un ping a la conexión de la base de datos.
pg_Port	Devuelve el número del puerto por el que se realiza la conexión.
pg_prepare	Envía una petición de crear una instrucción preparada con los parámetros dados, y espera por su completación.
pg_put_line	Envía una cadena de terminador NULL al backend de PostgreSQL.
pg_query_params	Envía un comando al servidor y espera por los resultados, con la habilidad de pasar parámetros separadamente desde el comando de texto SQL.
pg_query	Ejecuta una consulta.
pg_result_error_field	Retorna un campo individual de un reporte de error.
pg_result_error	Obtiene el mensaje de error asociado con el resultado.
pg_result_seek	Establece una línea como offset en el recurso de resultados.
pg_result_status	Obtiene el estado del resultado de la consulta.
pg_select	Selecciona algunos registros.
pg_send_execute	Envía una petición para ejecutar una instrucción con parámetros dados, sin esperar el resultado.
pg_send_prepare	Envía una petición para crear una instrucción con parámetros

	dados, sin esperar el resultado.
pg_send_query_params	Envía un comando y parámetros separados al servidor sin esperar por los resultados.
pg_send_query	Envía una consulta asíncrona.
pg_set_client_encoding	Establece la codificación del cliente.
pg_set_error_verbosity	Determina la "verbosidad" de los mensajes obtenidos por pg_last_error() y pg_result_error().
pg_trace	Estable el tracing (rastreo) en una conexión PostgreSQL.
pg_transaction_status	Retorna el estado de la transacción actual en el servidor.
pg_tty	Devuelve el nombre del tty.
pg_unescape_bytea	Retorna la cadena de unscaped, con posibles datos binarios.
pg_untrace	Deshabilita el rastreo en la conexión postgresql.
pg_update	Actualiza los datos de una tabla.
pg_version	Retorna en un arreglo datos del cliente, protocolo y versión del servidor.

A continuación se mostraran unos ejemplos de como usar estas funciones para lograr algunas aplicaciones Web.

Consulta simple de una tabla

En el siguiente código en PHP se hace uso de las funciones descritas anteriormente para mostrar el contenido total de una tabla:

```php
<? php;
echo "Este programa es para consulta";
$dbconn = pg_connect("host=localhost dbname=negocio1 user=root password=fijacion")
    or die('No se puede conectar: ' . pg_last_error());

$query = 'SELECT * FROM prov.clientes';
$result = pg_query($query) or die('Consulta fallida: ' . pg_last_error());
echo "<table>\n";
while ($line = pg_fetch_array($result, null, PGSQL_ASSOC)) {
    echo "\t<tr>\n";
```

```php
  foreach ($line as $col_value) {
    echo "\t\t<td>$col_value</td>\n";
  }
  echo "\t</tr>\n";
}
echo "</table>\n";


pg_free_result($result);

pg_close($dbconn);

?>
```

El resultado visible en el browser será el siguiente:

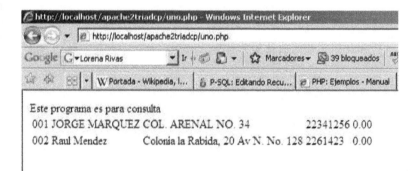

El programa en PHP se puede escribir en cualquier directorio en el que se admita la ejecución de CGI o que caiga dentro del path del intérprete de PHP. El definir cuales directorios cumplan con estos requisitos depende de la configuración del servidor Apache.

La presentación de todos los registros de una tabla no siempre es conveniente, en especial si hay información de tipo confidencial involucrada, o si las tablas son muy grandes para que el usuario final se tome la molestia de leerlas y revisarlas en su totalidad. En estos casos es preferible una búsqueda de datos específicos.

Búsqueda de registros.

Para una búsqueda especifica lo primero que se requiere es de un formulario en que especificar el criterio sobre el cual se hará la búsqueda. Así para buscar datos de clientes de acuerdo a su código de identificación, se requerirá del siguiente archivo html:

<!DOCTYPE HTML PUBLIC "-//W3C//DTD HTML 4.01 Transitional//EN">

```
<html>
<head>
<title>Búsqueda1</title>
</head>
<body>
<p>Consulta de clientes</p>
<form name=Myform action="cons.php" method="post">
<p>Introduzca código de cliente: <input type=text size="8" name=xcod></p>
<input type=submit value="Enviar">
</form>
</body>
</html>
```

Este archivo le permite al usuario final introducir el código del cliente y envía el dato capturado al archivo cons.php.

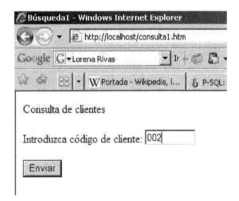

El archivo cons.php deberá hacer una consulta que incluya el dato transferido. El contenido del archivo cons.php será:

```php
<? php;
$dbconn = pg_connect("host=localhost dbname=negocio1 user=root password=fijacion")
   or die('No se puede conectar: ' . pg_last_error());

$query = "SELECT * FROM prov.clientes where codigo='".$xcod."'";
$result = pg_query($query) or die('Consulta fallida: ' . pg_last_error());
$n=pg_num_rows($result);
if ($n==0){
  echo "No hay ningún registro con ese código";
}else{
  echo "<table border=1><tr>";
  $f=pg_num_fields($result);
  for ($i=0;$i<$f;$i++){
   echo "<td>";
   echo pg_field_name($result,$i);
   echo "</td>";
  }
  echo "</tr>";
  while ($line = pg_fetch_array($result, null, PGSQL_ASSOC)) {
     echo "\t<tr>\n";
     foreach ($line as $col_value) {
        echo "\t\t<td>$col_value</td>\n";
       }
     echo "\t</tr>\n";
    }
  echo"</table>";
}
?>
```

En este caso se ha hecho uso de la función pg_num_rows para saber si hay al menos un registro que cumpla con el criterio de la consulta, y se han usado las funciones pg_num_fields y pg_field_name para colocar los nombres de los campos como encabezados de la tabla de resultados.

El resultado visible es:

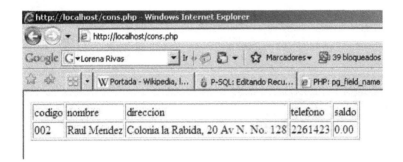

Agregando registros

El insertar registros nuevos desde una aplicación Web es una tarea común, especialmente para usuarios que no se limitan a hacer consultas a la base de datos. Así para agregar un nuevo cliente en la tabla clientes, se requerirán de dos archivos, un formulario html donde el usuario ingresa los datos, y un archivo php que los inserta en la base de datos. El código del archivo html será:

```
<!DOCTYPE HTML PUBLIC "-//W3C//DTD HTML 4.01 Transitional//EN">

<html>
<head>
<title>Untitled</title>
</head>
<body>
<p><b>Agregar un nuevo cliente<b></p>
<form name=Myform action="neo.php" method=post>
<table><tr><td>Código</td><td><input type=text size=8 name=mcod></td></tr>
<tr><td>Nombre</td><td><input type=text size=30 name=mnombre></td></tr>
<tr><td>Dirección</td><td><input type=text size=50 name=mdir></td></tr>
<tr><td>Telefono</td><td><input type=text size=8 name=mtel></td></tr>
<tr><td>Saldo</td><td><input type=text size=11 name=msal></td></tr>
<tr><td colspan=2><input type=submit value="Enviar"></td></tr>
</table>
</form>
</body>
</html>
```

En pantalla, un usuario vería lo siguiente:

Los datos ingresados en este formulario se transfieren al archivo neo.php, para el cual el código correspondiente puede llevarse a cabo de varias formas. En la forma más usual y más segura, independientemente de la versión de PHP y PostgreSQL, se hace uso de pg_query para transferir la instrucción SQL INSERT INTO:

```
<? php;
$dbconn = pg_connect("host=localhost dbname=negocio1 user=root password=fijacion")
    or die('No se puede conectar: ' . pg_last_error());


$query = "SELECT * FROM prov.clientes where codigo='".$mcod."'";
$result = pg_query($query) or die('Consulta fallida: ' . pg_last_error());
$n=pg_num_rows($result);
if ($n!=0){
echo "Ya existe un registro con ese código. Cámbielo y reinténtelo";
}else{
$query="INSERT INTO prov.clientes (codigo,nombre,direccion,telefono,saldo)
values('$mcod','$mnombre','$mdir','$mtel',$msal)";
$result = pg_query($query) or die('Consulta fallida: ' . pg_last_error());
}
```

```
pg_close($dbconn);
 ?>
```

Modificación de registros

Si lo que se desea es poder hacer modificaciones a los registros, se requerirán tres
archivos: uno para introducir el código en base al cual buscar un registro, otro con un
formulario generado dinámicamente para introducir los nuevos valores del registro y uno
que actualice los datos cambiados. El primer archivo tendrá el siguiente contenido:

```
<!DOCTYPE HTML PUBLIC "-//W3C//DTD HTML 4.01 Transitional//EN">

<html>
<head>
<title>Untitled</title>
</head>
<body>

<h2>Modificando datos de un cliente</h2>
<form name=Myform action="modi2.php" method="post">
<p>Código del cliente:<input type=text size=8 name=mcod></p>
<input type=submit value="Aceptar">
</form>
</body>
</html>
```

Que en el browser se verá así:

El código introducido desde este formulario es transferido al archivo modi2.php, el cual deberá contener lo siguiente:

```php
<?php;
$dbconn = pg_connect("host=localhost dbname=negocio1 user=root password=fijacion")
    or die('No se puede conectar: ' . pg_last_error());

$query = "SELECT * FROM prov.clientes where codigo='".$mcod."'";
$result = pg_query($query) or die('Consulta fallida: ' . pg_last_error());
$n=pg_num_rows($result);
if ($n=0){
echo "No existe un registro con ese código. Cambielo y reinténtelo";
}else{
  echo "<form name=myform action='modi3.php' method=post>";
  echo"<table bgcolor='lightgreen'>";
  $line=pg_fetch_array($result, null, PGSQL_ASSOC);

    echo"<input type=hidden name=xcod value=$mcod>";
    echo "<tr><td>Código</td><td>$mcod</td></tr>";
    $u="<tr><td>Nombre</td><td><input type=text name=mnombre size=30 value='";
    $u.=$line["nombre"];
    $u.="'></td></tr>";
    echo $u;
    $u="<tr><td>Dirección</td><td><input type=text name=mdir size=50 value='";
```

```
$u.=$line["direccion"].'"></td></tr>";
echo $u;
$u="<tr><td>Telefono</td><td><input type=text name=mtel size=8 value='";
$u.=$line["telefono"].'"></td></tr>";
echo $u;
$u="<tr><td>Saldo</td><td><input type=text name=msaldo value='";
$u.=$line["saldo"].'"></td></td>";
echo $u;


  echo "</table>";
  echo "<input type=submit value='Aceptar'><input type=reset value='Cancelar'>";
  echo "</form>";
}
?>
```

Este programa primero valida la existencia de un registro con ese código, y si es así
extrae cada campo del registro valido y lo presenta como el valor del formulario en que se
podrán cambiar los datos. El único campo que no se permite cambiar es el código que
identifica al cliente.

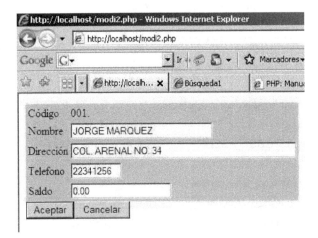

Los datos modificados en este programa son transferidos al archivo modi3.php. Este es el
que cambiara el contenido del registro.

```php
<? php;
$dbconn = pg_connect("host=localhost dbname=negocio1 user=root password=fijacion")
    or die('No se puede conectar: ' . pg_last_error());

$query = "update prov.clientes set nombre='$mnombre', direccion='$mdir',
telefono='$mtel', saldo=$msaldo where codigo='".$xcod."'";

$result = pg_query($query) or die('Consulta fallida: ' . pg_last_error());
$cm = pg_affected_rows($result);

echo $cm . " Registros afectados.\n";

?>
```

El programa usa la instrucción SQL update para modificar el registro, y al final usa la
función pg_affected_rows para determinar cuantos registros se han visto alterados por la
instrucción. Si se maneja código como un registro clave único, solo se verá afectado un
registro a la vez.

Eliminando registros

En muchas ocasiones hay la necesidad de eliminar registros de la tabla. Aunque hay
analistas que recomiendan no eliminar nada, a menos que sea estrictamente necesario,
siempre cabe la posibilidad de tener que hacerlo, y siempre es posible restringir el acceso
al programa que elimine registros a ciertos usuarios.

Así por ejemplo, si se divide en tres partes la aplicación para eliminar registros, resultará
en un formulario para introducir el código, otro para corroborar si ese es el registro a
eliminar y un programa en php que finalice la tarea.

```html
<!DOCTYPE HTML PUBLIC "-//W3C//DTD HTML 4.01 Transitional//EN">

<html>
<head>
<title>Untitled</title>
</head>
<body>
```

```
<h2>Eliminando datos de un cliente</h2>
<form name=Myform action="eli2.php" method="post">
<p>Código del cliente:<input type=text size=8 name=mcod></p>
<input type=submit value="Aceptar">
</form>
</body>
</html>
```

Este primer archivo html se encarga de pedir el código del cliente y transferir este dato al archivo eli2.php. En pantalla se vera así:

El contenido de eli2.php será el siguiente:

```
<html>
<head>
</head>
<script language="JavaScript" type="text/javascript">
function f1(){
document.location="eli1.html";

}
</script>

<?php;
$dbconn = pg_connect("host=localhost dbname=negocio1 user=root password=fijacion")
   or die('No se puede conectar: ' . pg_last_error());
```

```php
$query = "SELECT * FROM prov.clientes where codigo='".$mcod."'";
$result = pg_query($query) or die('Consulta fallida: ' . pg_last_error());
$n=pg_num_rows($result);
if ($n=0){
echo "No existe un registro con ese código. Cambielo y reintentelo";
}else{
    echo "<form name=myform action='eli3.php' method=post>";
    echo"<table bgcolor='#CC8888'>";
    $line=pg_fetch_array($result, null, PGSQL_ASSOC);

        echo"<input type=hidden name=xcod value=$mcod>";
        echo "<tr><td>Código</td><td>$mcod</td></tr>";

        $u="<tr><td>Nombre</td><td>";
        $u.=$line["nombre"];
        $u.="</td></tr>";
        echo $u;
        $u="<tr><td>Dirección</td><td>";
        $u.=$line["direccion"]."</td></tr>";
        echo $u;
        $u="<tr><td>Telefono</td><td>";
        $u.=$line["telefono"]."</td></tr>";
        echo $u;
        $u="<tr><td>Saldo</td><td>";
        $u.=$line["saldo"]."</td></td>";
        echo $u;

    echo "</table>";
    echo "<input type=submit value='Borrar'><input type=button value='Cancelar'
onclick='f1()'>";
    echo "</form>";
}
?>
```

El programa eli2.php se encarga de mostrar los datos correspondientes al registro que se quiere eliminar. Si el usuario esta seguro que quiere eliminar el registro hará clic en el botón Borrar, si no al hacer clic en Cancelar la acción será transferida de nuevo al archivo eli1.html. Esto es posible gracias al uso de una función en Javascript que se encuentra al inicio del archivo y que es invocada por el botón cancelar (f1()). Es un hecho que no hay restricciones para combinar el uso de javascript y PHP en una aplicación, e incluso para incluir Java Applets de ser necesario.

El archivo final eli3.php tendrá el siguiente código interno:

```
<? php;
$dbconn = pg_connect("host=localhost dbname=negocio1 user=root password=fijacion")
    or die('No se puede conectar: ' . pg_last_error());


$query = "delete from prov.clientes where codigo='".$xcod."'";

$result = pg_query($query) or die('Consulta fallida: ' . pg_last_error());
$cm = pg_affected_rows($result);

echo $cm . " Registros afectados.\n";

?>
```

Este programa se similar al archivo modi3.php excepto por que hace uso de la instrucción SQL delete en lugar de update, con el fin de eliminar definitivamente el registro. Al final muestra la cantidad de registros afectados (eliminados) por el programa.

*Nota: para la edición de los archivos html y php usados en esta sección se uso el editor HTML-Kit, con licencia GPL.

Seguridad de bases de datos

En esta sección se abordara lo referente a la seguridad de la bases de datos de tipo PostgreSQL.

La seguridad de las bases de datos es un aspecto prioritario de su manejo. En el pasado se ha contado con sistemas de bases de datos funcionales, que han dejado de utilizarse después de comprobar lo vulnerable que eran a ser accesadas por usuarios no autorizados. Por el ejemplo, el caso de bases de sistemas FoxPro 2.0 que podían accesarse y modificarse usando aplicaciones de Excel 2000.

Para mejorar la seguridad entorno a una base de datos se puede recurrir a varios medios:

a) Restricciones propias del entorno de red para su acceso remoto. Esto puede implicar limitar la cantidad de servicios en el servidor y los protocolos por los cuales se pueda tener acceso a él. A pesar de que se puedan restringir el uso de carpetas compartidas en el servidor, cuando la base es parte de un servicio Web o un servicio sobre una intranet, generalmente se dejan abiertos los puertos para el servicio FTP. Sin embargo se puede limitar este servicio únicamente para el uso del Webmaster y hacia directorios no relacionados directamente con la base de datos.

b) Dentro de una aplicación Web también se pueden imponer ciertas medidas de seguridad. Se puede omitir el uso de Telnet y en su lugar usar una aplicación como pgAdmin para acceder a la base de datos. La aplicación Web, puede incluir un sistema de validación que incluya la identificación del usuario, y manejar una tabla de usuarios con funciones restringidas, lo cual implicaría limitar la cantidad de paginas Web o aplicaciones basadas en PHP a que cada usuario puede tener acceso, o sobre que datos tiene derecho de lectura o escritura.

c) Restricciones de seguridad impuestas por el propio gestor de postgresql: En determinado momento la base de datos puede ser accesible para varios usuarios, pero cada uno puede tener un perfil diferente de privilegios que limiten su capacidad de acción. Es justamente en torno a este tipo de restricciones que se enfocara esta sección.

El manejo de roles

A diferencia de Mysql, PostgreSQL no tiene una tabla específica en que se almacenen datos de los usuarios. En su lugar usa una categoría diferente de objetos llamados roles.

68

Existen los llamados Group Roles y los Login roles. Se puede administrar una base de datos de este tipo sin Group Roles (roles de grupo) pero es necesario contar con al menos un role para logear al sistema.

Al examinar las propiedades del Role root se observa lo siguiente:

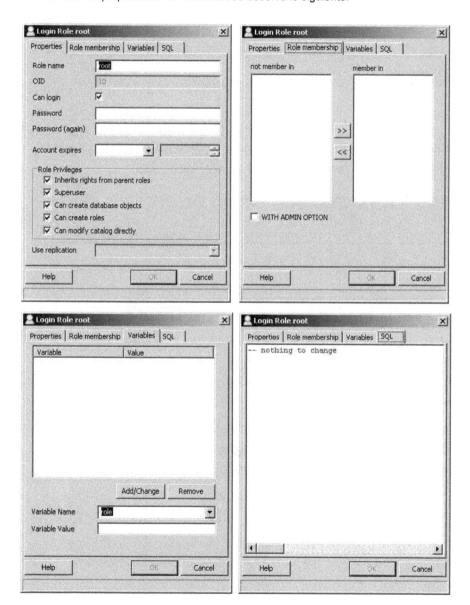

Aun para un neofito, es evidente que se pueden configurar privilegios, o hacer cambios de password sobre el rol, en una situación similar al manejo de usuarios que se hace en otros tipos de bases de datos.

Para crear un nuevo rol se puede recurrir a dos medios:

a) Usar el menu contextual que aparece al hacer clic derecho sobre el objeto Roles en pgAdmin, y proceder a llenar los cuadros de diálogos que aparezcan.

b) Usar el comando de SQL CREATE ROLE, de acuerdo a la siguiente sintaxis:

CREATE ROLE *name*;

Para eliminar un role se puede utilizar el comando DROPE ROLE. También es posible consultar lo roles existentes mediante el uso del comando SELECT.

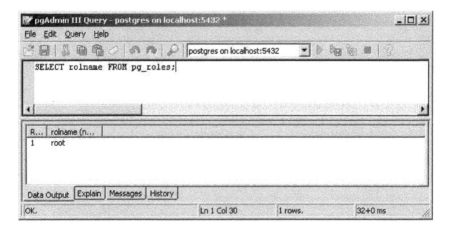

El manejo de grupos de roles es una forma de conceder o limitar privilegios a todo un grupo de personas en lugar de manejar privilegios individuales. Al hacer clic derecho sobre el objeto Group roles, aparece el siguiente cuadro de dialogo.

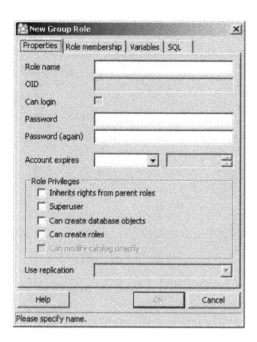

Puede observarse que las propiedades son las similares que para un role ordinario, con la diferencia de que una vez establecidas para un grupo, cualquier nuevo rol que se incluya dentro de este grupo (en la pestaña role membreship) heredara los privilegios y restricciones del grupo.

Ya que las tablas y los roles no se crean simultáneamente, se puede optar por conceder ciertos privilegios a algunos roles nuevos mucho después de haber creado una tabla, o crear una tabla especifica sobre al cual se conceden privilegios a roles previamente existentes. Si se hace clic derecho sobre un objeto schema o un objeto table aparecerá el menú contextual que incluye la opción Grant Wizard, mediante la cual es posible conceder privilegios sobre estos objetos a los roles.

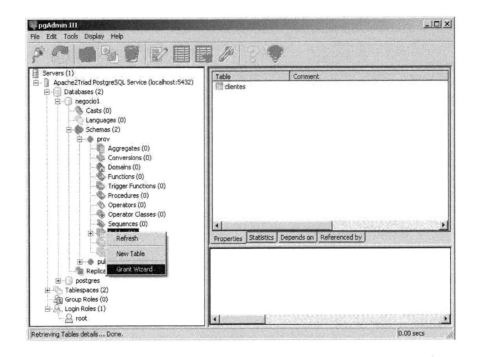

En la primera pestaña del cuadro de dialogo que aparece al elegir Grant Wizard, se observaran las tablas sobre las cuales es posible conceder privilegios.

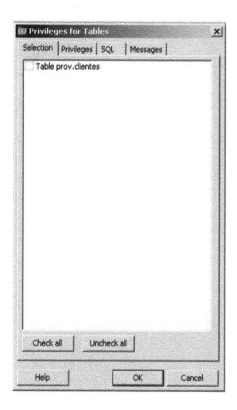

En la pestaña contigua se especifican los privilegios concedidos para cada uno de los roles disponibles:

Como es de esperarse, si bien esta es una forma bastante simple de conceder o negar privilegios, para el usuario de PostgreSQL que no cuente con PgAdmin, siempre existe la posibilidad de usar los comandos GRANT y REVOKE de SQL mediante los cuales es posible llevar a cabo la administración de privilegios.

La sintaxis de GRANT es:

GRANT privilegio ON objeto TO role.

Por ejemplo:

GRANT UPDATE ON accounts TO joe;

Los privilegios que pueden concederse o revocarse son: SELECT, INSERT, UPDATE, DELETE, RULE, REFERENCES, TRIGGER, CREATE, TEMPORARY, EXECUTE, y USAGE.

El quitar privilegios a un usuario es una necesidad, ya que existen usuarios que en un momento dado dejan de trabajar para la empresa, o que sufren cambios de funciones en los cuales es más conveniente la revocación de ciertos privilegios. La sintaxis de REVOKE es:

REVOKE privilegio ON objeto FROM role.

Por ejemplo, para revocar todos los privilegios de un rol:

REVOKE ALL ON accounts FROM PUBLIC;

GRANT y REVOKE también pueden usarse para incluir o no a un role dentro de un grupo, de acuerdo a la siguiente sintaxis:

GRANT *group_role* TO *role1*, ... ; REVOKE *group_role* FROM *role1*, ... ;

Administración de bases de datos

La administración de bases de datos es un trabajo delicado pero vital para muchas empresas. El trabajo del administrador de bases de datos esta entre los más demandados actualmente en EE.UU. y también se encuentra entre los mejor remunerados en el área informática. Sorprendentemente, gracias al amplio desarrollo del Internet, también esta catalogado como un empleo que alguien puede desarrollar desde su casa, siempre y cunado la empresa para la cual se trabaje cuente con la conectividad necesaria.

Aunque no es extraño que el administrador de una base de datos sea también el encargo del desarrollo de las aplicaciones relacionadas con ella, esto no es necesariamente cierto, ya que la administración de la base y el desarrollo de aplicaciones pueden ser tareas de un equipo de trabajo, repartido entre al menos 2 personas. Fuera de la etapa de desarrollo, están los digitadores y/o los usuarios finales, cuyas actividades en algún momento estarán coordinadas con la persona a cargo de la administración de la base de datos.

En la sección anterior de mencionaron varias tareas relacionadas con la seguridad de la base de datos, pero que solo constituyen una parte de las funciones del administrador.

Más allá del diseño de la estructura de la base de datos, o de las tareas relacionadas con la seguridad, otras responsabilidades del administrador de bases de datos serán:

- Respaldo de datos.
- Restauración de datos.
- Reparación de bases dañadas.

PgAdmin proporciona varias de las funciones señaladas, las cuales son accesibles mediante el menú principal de la aplicación o mediante el uso de menús contextuales al hacer clic derecho sobre una base especifica.

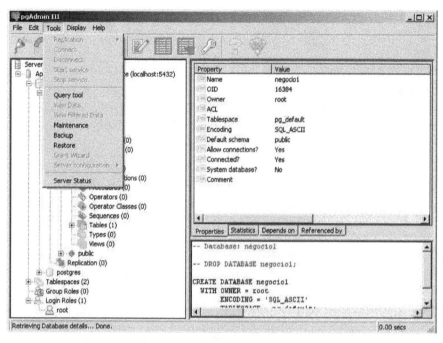

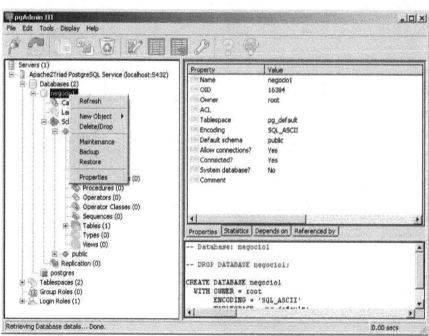

En cualquiera de las dos formas señaladas siempre es posible acceder a las opciones de Backup y Restore.

El Backup obtenido mediante pgAdmin es un archivo binario que combina sentencias de SQL con datos en formato binario, cuando se trabaja en modo comprimido. Si en cambio se elige la opción PLAIN se obtiene un archivo ASCII más fácil de entender para el usuario, y más fácil de exportar para otros entornos.

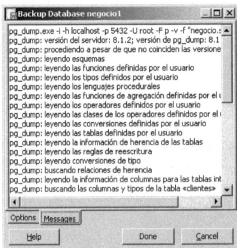

Si se abre el archivo negocio.sql resultante, se leerá lo siguiente:

```
--

-- PostgreSQL database dump

--

-- Started on 2008-06-03 13:52:55 Hora est. de América Central

SET client_encoding = 'SQL_ASCII';

SET check_function_bodies = false;

SET client_min_messages = warning;

--

-- TOC entry 1 (class 2615 OID 16385)

-- Name: prov; Type: SCHEMA; Schema: -; Owner: root

--

CREATE SCHEMA prov;

ALTER SCHEMA prov OWNER TO root;

--

-- TOC entry 1508 (class 0 OID 0)

-- Dependencies: 5

-- Name: SCHEMA public; Type: COMMENT; Schema: -; Owner: root

--

COMMENT ON SCHEMA public IS 'Standard public schema';

SET search_path = prov, pg_catalog;

SET default_tablespace = '';
```

```
SET default_with_oids = false;

--

-- TOC entry 1182 (class 1259 OID 16390)

-- Dependencies: 1504 1

-- Name: clientes; Type: TABLE; Schema: prov; Owner: root; Tablespace:

--

CREATE TABLE clientes (

codigo character(8),

nombre character varying(30),

direccion character varying(50),

telefono character varying(8),

saldo numeric(8,2) DEFAULT 0

);

ALTER TABLE prov.clientes OWNER TO root;

--

-- TOC entry 1505 (class 0 OID 16390)

-- Dependencies: 1182

-- Data for Name: clientes; Type: TABLE DATA; Schema: prov; Owner: root

--

COPY clientes (codigo, nombre, direccion, telefono, saldo) FROM stdin;

003. Juan Garcia Altos de Huizucar, No. 343 23423454 50.00
```

001. JORGE MARQUEZ COL. ARENAL NO. 38 22341256 10.00

\.

--

-- TOC entry 1509 (class 0 OID 0)

-- Dependencies: 5

-- Name: public; Type: ACL; Schema: -; Owner: root

--

REVOKE ALL ON SCHEMA public FROM PUBLIC;

REVOKE ALL ON SCHEMA public FROM root;

GRANT ALL ON SCHEMA public TO root;

GRANT ALL ON SCHEMA public TO PUBLIC;

-- Completed on 2008-06-03 13:52:56 Hora est. de América Central

--

-- PostgreSQL database dump complete

--

En realidad aquí PgAdmin solo funge como un Front-End para la utilidad pg_dump, la cual es parte del conjunto de aplicaciones que acompañan a muchas versiones recientes de PostgreSQL, y cuya finalidad es obtener respaldos de las bases PostgreSQL.

La restauración de una base de datos desde PgAdmin es igualmente facil, y presenta el siguiente cuadro de dialogo.

Las opciones dentro de este cuadro de dialogo facilitan la recuperación parcial de la información del backup, o su restauración bajo un esquema diferente de propietario de la base. La restauración implica el uso de la aplicación pg_restore.

Para aquellos usuarios que no cuenten con PgAdmin, siempre existe la opción de usar las aplicaciones pg_dump y pg_restore desde una ventana de comandos. Los detalles completos sobre las opciones de estas utilidades las encontrarán en el siguiente enlace:

http://www.postgresql.org/docs/8.0/interactive/backup.html

Otras funciones de mantenimiento

Existen otras funciones de mantenimiento del servidor postgreSQL tales como pg_ctl que esta orientado a iniciar, detener o reiniciar el servidor en un momento dado. En situaciones normales, si el servidor ha de estar operando durante horas hábiles de oficina dentro de una red local, no hay necesidad de detenerlo o reiniciarlo más que 2 veces al día. Cuando el servidor ha de prestar un servicio Web, tiene que operar ininterrumpidamente, dado que se estima que los usuarios remotos se pueden conectar en cualquier momento de las 24 horas del día. Esto plantea detener el servicio únicamente con fines de mantenimiento o en caso de cambiar toda la base a otro servidor.

En caso de un "crash", o fallo repentino del servidor, no es extraño que al menos los índices de la base de datos de puedan dañar o desordenar. En estos casos es útil el uso del programa reindexdb. La sintaxis de esta aplicación es:

reindexdb [*connection-option...*] [--table | -t *table*] [--index | -i *index*] [*dbname*]

reindexdb [*connection-option...*] [--all | -a]

reindexdb [*connection-option...*] [--system | -s] [*dbname*]

Al igual que otras aplicaciones mencionadas, esta correrá al invocarla desde la ventana de comandos del sistema. Podrá encontrar detalles sobre todas las opciones posibles de esta aplicación en el siguiente enlace:

http://www.postgresql.org/docs/8.1/static/app-reindexdb.html

Capacidad de almacenamiento.

Aunque se pueda automatizar en un momento dado el proceso de sacar respaldo de una base de datos, una preocupación a nivel gerencial tiene que ver con la integridad y capacidad de almacenamiento de tales respaldos. A principios de la década de los 90 este tipo de preocupación era justificable dado que los respaldos en disquete no eran 100% confiables, y podían implicar el uso de varios disquetes. La mejor alternativa parecía ser el uso de respaldos en cinta magnética. Sin embargo, en la siguiente década, contando con unidades de grabación de CD baratas se hizo patente que el crecimiento de las bases de datos no era tan acelerado como el incremento en la capacidad de algunos medios. Por ejemplo, muchas empresas pequeñas ven incrementos en el tamaño de sus bases de datos contables de alrededor de 4MB por año, lo cual significa que en un simple CD de 700MB (con un costo de $0.30) podrían almacenar el equivalente a 175 años de contabilidad. Las empresas grandes probablemente se vean obligadas a manejar incrementos mayores en el tamaño de sus bases de datos, pero dado que los quemadores de DVD están disponibles a la fecha a precios razonables (con capacidades de al menos 4.6 GB por DVD) y a futuro lo estarán los quemadores con formato Blu-Ray (con capacidades de 50GB por unidad), el problema del almacenamiento de los respaldos esta muy lejos de lo que era 20 años atrás.

Exportación e Importación con PHPPgAdmin

Aunque PgAdmin ofrece varias facilidades obvias para la administración de bases de datos, no ofrece la posibilidad de exportar las tablas a otros formatos. Sin embargo, gracias a ciertas funciones de PHP, PHPPgAdmin si admite una posibilidad de exportación. Si se accesa a phpPgAdmin, y se navega entre las opciones hasta llegar a una tabla en especial y después se elige la opción exportar, aparecerá la siguiente pantalla:

Si se elige la opción de mostrar los datos, y se elije el formato como XHTML se presentaran los datos en pantalla de la siguiente forma:

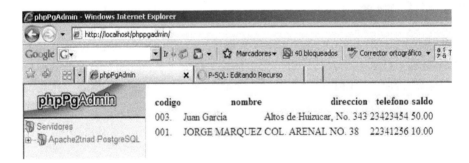

Esto podría ser funcional para una cantidad reducida de datos. También se pueden mostrar los datos en un formato XML clásico:

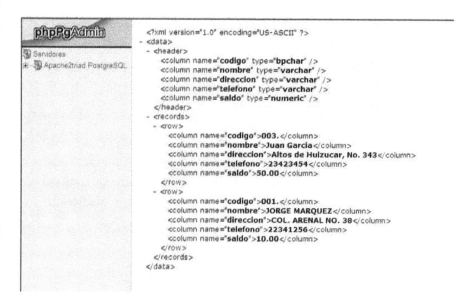

La ventaja de un archivo XML como resultado final es que es factible después importarlo a casi cualquier otra plataforma, incluso en otro sistema operativo como Linux.

Existe la opción de exportar la tabla a formato SQL pero esto no es muy diferente de lo que se logra con pg_dump.

Tal vez una de la opciones más populares es la de bajar el resultado en formato CSV. El archivo resultante puede abrirse con Excel.

Algunos optan por este tipo de exportación para aprovechar las capacidades estadísticas y de gráficos de Excel. Sin embargo, para un buen programador no debe de ser difícil hacer los cálculos estadísticos necesarios programando en PHP, o lograr las gráficas requeridas, ya sea que se recurra a las funciones gráficas de PHP o al uso de Applets de

Java. Por supuesto, las mentalidades burocráticas de muchos seudo-investigadores los ha llevado a creer que las únicas estadísticas factibles solo se pueden recurrir usando SPSS, así que no seria raro que un administrador de bases de datos se vea obligado a exportar muchas de sus bases a formatos como CSV para que los seudo-investigadores puedan procesarlas por su cuenta con otras herramientas.

Importación de tablas

La idea de exportar tablas a PostgreSQL es factible, especialmente cuando la información original se ha estado trabajando en otras plataformas que pueden tener cualquiera de las siguientes desventajas:

a) Altos costos de licenciamiento.

b) Bajo nivel de seguridad.

c) Dificultades para publicar o manejar datos vía Web.

Las opciones de importación que se tienen usando phpPgAdmin se presentan en la siguiente pantalla:

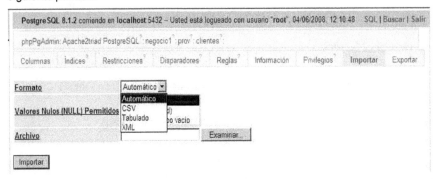

Aunque la lista de posibles formatos a utilizar como fuente de datos es reducida, el hecho es que desde Lotus para Windows o desde Calc sobre Linux generar un archivo CSV o de texto tabulado es factible, así como desde tablas de Fox. Ello implica que llevar los datos originales para que sean importados a PostgreSQL en el peor de los casos es una tarea de dos pasos sencillos.

BIBLIOGRAFIA

PostgreSQL (2nd Edition) Korry Douglas. Publisher: Sams; 2 edition (August 5, 2005) .
ISBN-10: 0672327562.

www.ingramcontent.com/pod-product-compliance
Lightning Source LLC
LaVergne TN
LVHW042342060326
832902LV00006B/333